Das Amtshaus zu Clausthal

Gotthard Fürer

Das
Amtshaus
zu
Clausthal

Baugeschichte und Entwicklung
des Oberbergamts in Clausthal-Zellerfeld

29 Abbildungen

Umschlagsbild: Bergdankfest in Clausthal, Fastnacht 1856, Aquarell von W. Ripe.

CIP-Kurztitelaufnahme der Deutschen Bibliothek
Fürer, Gotthard:
Das Amtshaus zu Clausthal: Baugeschichte und Entwicklung des Oberbergamts in Clausthal-Zellerfeld / Gotthard Fürer. — Clausthal-Zellerfeld: Pieper, 1983.
ISBN 3–923 605-02-1

© by Ed. Piepersche Verlagsanstalt Clausthal-Zellerfeld 1983
Satz, Lithos und Druck: Ed. Piepersche Druckerei, Clausthal-Zellerfeld
Printed in W.-Germany

Im Zentrum der ehemaligen freien Bergstadt Clausthal fällt der zum Teil mit Schiefer bedeckte, mehrstöckige und mit einer Mauer aus Bruchstein umgebene Gebäudekomplex des heutigen Oberbergamts Clausthal-Zellerfeld ins Auge. Besondere Beachtung findet das langgestreckte, holzverschalte und rosa gestrichene frühere Kurfürstlich Hannoversche und Königlich Groß-Britannische Bergamtshaus. In seinem schlichten Barockstil wird es an besonderen Feiertagen mit den Fahnen der Länder Niedersachsen, Schleswig-Holstein, Hamburg, Bremen, Berlin und der Bundesflagge geschmückt.

Trotz der mannigfachen und vielfältigen Literatur über die Montangeschichte des Oberharzes gibt es seit langem keine zusammenfassende Abhandlung über die Baugeschichte des Hauses, seine Vorläufer und die im Laufe der Jahrhunderte vorgenommenen gestalterischen Veränderungen mehr. Im Rahmen dieser Betrachtungen schließen sich Bemerkungen über die Sammlungen der Behörde an und über die Aufgaben, die bis in die Gegenwart hinein von ihr wahrgenommen werden.

Abb. 1: Siegel des Königlich Groß-Britannischen und Kurfürstlich Hannoverschen Bergamtes zu Clausthal um 1775

1

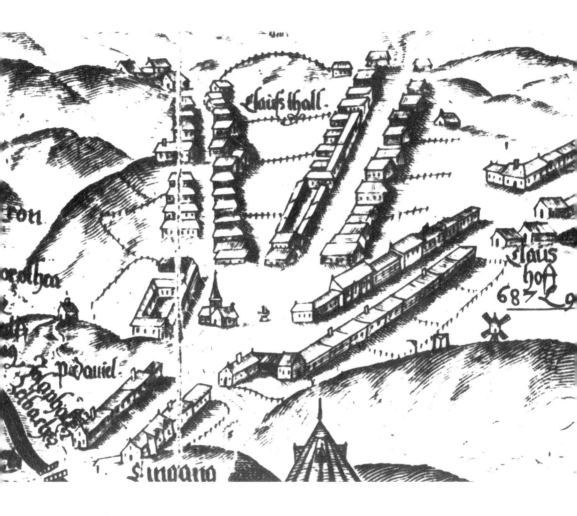

2 Abb. 2: Ausschnitt aus dem Stich von Daniel Lindemeyer aus dem Jahr 1606 mit der Bergstadt Clausthal

Die Baugeschichte des Amtes zu Clausthal

Vorläufer

Das erste Amtshaus für das Oberharzer Gebiet des Fürstentums Grubenhagen in Clausthal ist offenbar erst nach 1606 errichtet worden, denn auf dem Kupferstich der Bergstädte Clausthal und Zellerfeld, entworfen von Zacharias Koch und gestochen von Daniel Lindemeyer aus diesem Jahr läßt sich ein solches Gebäude nicht erkennen[1](Abb. 2). Erst in einem Bericht, den das Clausthaler Bergamt am 22. September 1634 an den Herzog August in Celle über die Feuersbrunst erstattete, durch die zwei Tage vorher ein großer Teil der Stadt infolge einer erneuten Invasion Tillyscher Truppen vernichtet worden war, heißt es, daß ,,das Amtshaus, Gott lob, dermitten in den Flammen unbeschädigt blieben'' ist[2]. Zwanzig Jahre später, in Merians ,,Topographie'' der Herzogtümer Braunschweig und Lüneburg (erschienen in Frankfurt am Main 1654), wird es erneut erwähnt: ,,Am Markt ist ein kostbares Fürstliches Amtshaus belegen, darinnen was zur Fortsetzung des Bergwerkes gehört, angeordnet, verwaltet und bestellet wird.''[3] Im dazugehörigen Stich erkennt man das langgezogene Gebäude gegenüber der Kirche, das über keine Seitenflügel verfügt (Abb. 3).
Merian hatte bereits die Aufgaben umschrieben, für die das Gebäude errichtet worden war, und die heute noch zutreffen. Hinzuzufügen wäre, daß das Gebäude von jeher zugleich eine Wohnung für den Berghauptmann enthielt. Ferner gab es mehrere Räumlichkeiten für Ministerialbeamte oder den Fürsten selbst. Dies war schon wegen der langen Fahrtzeiten der Beamten in den Oberharz notwendig. Das Haus war auch deshalb ein Zweckgebäude, nie ein allein repräsentativer Adelssitz, auch wenn es in seinem Aufbau, was den älteren Bauteil betrifft, durchaus schloßähnlichen Charakter besitzt und sich entsprechende Bauelemente finden lassen.
Eine erste deutliche bildliche Darstellung bringt ein 4 m langer Rollriß aus dem Jahr 1661, der sich noch heute im Obergeschoß des Gebäudes befindet. Er wurde von dem Markscheider Adam Illing für den Herzog Christian Ludwig von Braunschweig-Lüneburg gefertigt und stellt neben den Clausthaler und Zellerfelder Bergwerken die beiden Bergstädte selbst dar. Der Riß ist derart anschaulich, daß man noch viele Straßenzüge von heute wiedererkennt (Abb. 4).

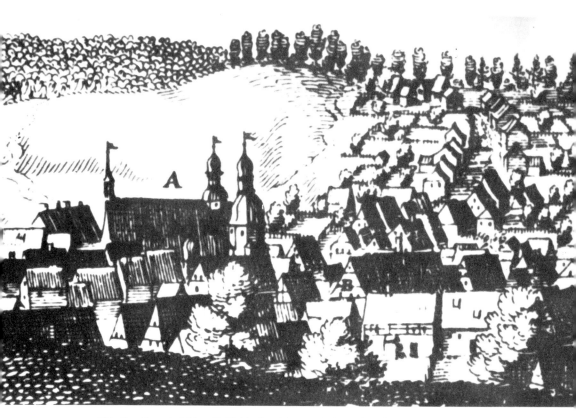

Abb. 3: „Bergstadt Clausthal", Kupferstich von Merian, 1654, B = Fürstliches Amtshaus

Illing bezeichnet ein stattliches Gebäude auf der Westseite der Marktkirche als Amtshaus, das dem Marktplatz drei spitze Giebel zukehrt und entlang der Baderstraße einen Seitenflügel aufweist. Sechs Wetterfahnen mit großen vergoldeten Knöpfen zieren den hohen Dachaufbau des Gebäudes, das über ein Erd- und ein Obergeschoß verfügt. Auch das hohe Dach dürfte Räume enthalten haben. Hinter dem Haus ist ein Hofgebäude erkennbar, das wohl den Fuhrpark mit Stallungen beherbergte. Den ganzen Komplex umgab eine Mauer.

4

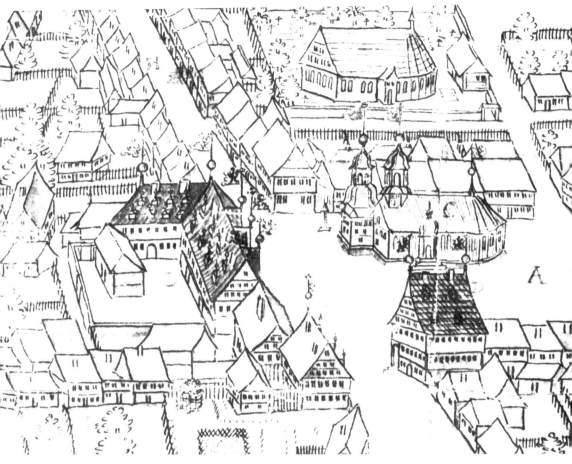

Abb. 4: Ausschnitt aus dem Rollriß von Adam Illing, 1661, links das Amtshaus

Dieses Gebäude erwies sich 1691 als derart reparaturbedürftig, daß über einen Neubau verhandelt wurde. Durch Erlaß der Kammer in Hannover vom 20. April 1693 wurden Berghauptmann und Bergamt ermächtigt, für einen Abbruch zu sorgen und mit dem Neubau zu beginnen. Der Entwurf dazu wurde von dem Hofbauschreiber Brandt-Westermann ausgeführt, dem zu-

Abb. 5: Ausschnitt aus dem Titelblatt des Clausthaler Bergkalenders von 1723, rechts neben der Marktkirche das Amtsgebäude

sammen mit dem Bauschreiber Johann Heinrich Lindemann auch die Bauleitung oblag. Die Bauarbeiten wurden an den Maurermeister Josepho Crotogino vergeben.

Ein Teil des neuen Gebäudes wurde unterkellert. Gegenüber dem alten wurde es um einen Südflügel entlang der Silberstraße erweitert. Die Stallungen — den Bediensteten standen zahlreiche Pferde zur Verfügung — rückte man ca. 10 m an das Hauptgebäude heran. Die Seitenflügel wurden im Erdgeschoß massiv, alles übrige wurde in Fachwerk mit Ziegelmauerung und Kalkbewurf errichtet. Das Dach deckte man mit Schiefer.

Im Jahr 1700 wurde das neue Amtshaus bezogen. Die Diensträume befanden sich im Erdgeschoß. Die Baukosten betrugen 17 116 Taler. Die Sparsamkeit bei seiner Errichtung zeigt sich darin, daß jegliche Stukkaturarbeiten an den Zimmerdecken, auch an denen des ersten Geschosses, abgelehnt wurden. Die ersten wesentlichen Mängel traten relativ früh beim Putz des Hauses auf, der aus Kalk und Gips gefertigt worden war. Um 1718 wurde deshalb empfohlen, die Außenfronten mit Holzdielen zu beschlagen[4]. Der Clausthaler „Bergkalender" von 1723 läßt das Amtshaus in Umrissen erkennen. Es hat Ähnlichkeit mit seinem Vorgänger (Abb. 5).

Der hannoversche Neubau von 1727

Das neue Gebäude sollte nicht lange stehen. Am 24. März 1725 brach in der Stadt ein Brand aus, der sich zu einer Feuersbrunst ausweitete. Innerhalb von zwölf Stunden war ein großer Teil von Clausthal mit zusammen 391 Wohnhäusern, 300 Nebengebäuden, der Münze, dem Rathaus und dem Amtshaus ein Raub der Flammen[5]. Die in Holz errichtete Marktkirche, ganz in der Nähe des Amtsgebäudes, konnte durch die beherzten Löschversuche, namentlich der Bergleute Gebrüder Ey, gerettet werden[6]. Mit Nachdruck und Unterstützung durch die Kammer in Hannover wurde der Wiederaufbau der Stadt in die Wege geleitet, ein Beweis für die Bedeutung des Bergbaureviers um Clausthal.

Bereits am 12. Oktober 1725 wurde von Georg I., König von Großbritannien und Kurfürst von Hannover, entschieden, den Sitz des Bergamtes, das provisorisch in einem Schulgebäude untergebracht war, neu zu errichten. Beauftragt wurden der Architekt Reetz und der Landbaumeister Georg Vick, beide aus Hannover, denen eine in Clausthal eingesetzte Kommission zur Seite stand[7]. Die Baupläne lehnten sich an die des abgebrannten Gebäudes an.

Zwei Jahre vergingen mit dem Heranschaffen der Baumaterialien, wie Eichen- und Tannenholz, Ton, Gips, Barn- und Drucksteine, letztere für die Gewölbemauerung, schließlich Quadersteine für Treppen, Kamine, Fenster und Torwege aus Langelsheim, Dachplatten und geschliffene Platten für Dielen und Gänge im Erdgeschoß aus dem Solling.

Im Frühjahr 1727 begannen die Bauarbeiten. Die massiven Baureste im Keller und im Erdgeschoß konnten wieder benutzt werden. Aber nicht nur das Obergeschoß, sondern auch das Erdgeschoß des Hauptflügels baute man in Fachwerk mit Ziegelsteinfüllung (Abb. 6).

Auch das Treppenhaus wurde in Fachwerk ausgeführt und zum Innenhof über eine bescheiden wirkende Treppe mit Aufgängen angeschlossen. Beachtenswert am Hauptgebäude ist ohnehin der Treppenhausanbau, der in ähnlicher Form gemäß einem Stadtplan aus der Zeit vor dem großen Brand zuvor schon vorhanden gewesen sein muß (Abb. 7). Das Treppenhaus löste sich völlig aus dem baulich und räumlich gegliederten Zusammenhang der Eingangshalle mit den anschließenden Fluren des Erdgeschosses. Es ragt in den Innenhof hinein und erschließt den Zugang zu den repräsentativen Räumen des Obergeschosses. Seine dreiläufige Treppe und die schmuckvollen Holzarbeiten sowie die in Grau und Weiß gehaltene Eingangshalle mit den arkadenähnlichen Bogenführungen wirken noch heute repräsentativ.

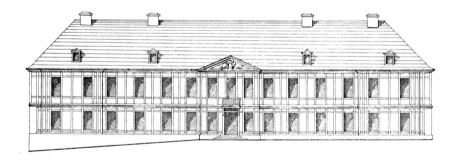

8 Abb. 6: Amtshaus in Clausthal nach den Bauplänen des Architekten Reetz, 1727. Die Außenwände des Gebäudes sind in sichtbarem Fachwerk erstellt[8]

Abb. 7: „Plan von der Bergstadt Clausthal. Vorstellend was durch entstandene Feuersbrunst am 25. Marty (1725) an Häusern und Gebäuden abbrennt" (mit starkem Strich eingespart — siehe auch Grundriß des Amtshauses von 1725)

9

Die Front des Hauptgebäudes, die dem Marktplatz zugewandt ist, erhielt ihren besonderen Schmuck durch die Anordnung der Fenster, die den Mittelteil des Gebäudes hervorheben. Hierzu gehört eine besonders schön gestaltete Eingangstür im Erdgeschoß, zu der eine sechsstufige flache Treppe hinaufführt. Oberhalb der Eingangstür befindet sich ein kleiner Balkon mit einem schmuckvollen schmiedeeisernen, teilweise vergoldeten Gitter, der über eine zweiflügelige Tür vom Obergeschoß her erreicht werden kann. Hinter dieser Tür befindet sich der Weiße Saal. Das Balkongitter ist heute mit den Insignien Georg III., König von Großbritannien und Kurfürst von Hannover, geschmückt. Da er im Jahr 1760 seine Regierung antrat, ist dieser Schmuck wahrscheinlich rd. drei Jahrzehnte nach Bauvollendung erneuert bzw. geändert worden und enthielt zuvor die Insignien Georg I. Das gleiche gilt wohl für das Deckengemälde im Weißen Saal.

Im Giebel des Mittelteils des Hauptgebäudes war seit seiner Errichtung bis zumindest 1866, als das Königreich Hannover in den preußischen Staatsverband eingegliedert wurde, auf einer Unterlage von Kupferblech das britisch-hannoversche Wappen aufgemalt. Nach dem Aquarell von W. Ripe aus dem Jahr 1856[9] dürfte es dem in Sandstein gehauenen Wappen im Giebel des Kornmagazins in Osterode ähnlich gewesen sein (Abb. 8). Die gestalterische Anordnung vom Eingang über den zierlichen Balkon zum heraldisch verzierten Wappen im Giebel deutet gutes ästhetisches Empfinden an und unterstreicht den barocken Charakter der Architektur. Bemühungen, frei von politischen Reminiszenzen diesen historischen Giebelschmuck wieder einzufügen, fanden um 1927 beim preußischen Minister für Handel und Gewerbe in Berlin keine Gegenliebe[10]. So entbehrt das Gebäude seit mehr als einem Jahrhundert dieses verzierenden Attributs.

Der Gebäudekomplex erhielt trotz der früheren schlechten Erfahrungen erneut einen Kalkverputz, wobei die Balken freigelassen wurden, so daß die Bauelemente des Fachwerks klar hervortraten.

Nach dem Stadtbrand war es möglich gewesen, durch Grunderwerb im Süden und Westen das Gelände des Amtssitzes zu erweitern. Das größere Grundareal, das im wesentlichen noch der heutigen Ausdehnung entspricht, ließ es zu, das neue Stallgebäude mit Remisen vom Hauptgebäude nach Westen abzurücken, den Innenhof zu erweitern und einen parkähnlichen Garten anzulegen, der allerdings dem modernen Ausbau der Silberstraße zum Teil weichen mußte[11].

Abb. 8: Giebel des Clausthaler Amtshauses nach einer Lithographie von 1864, die Feier der Einweihung des Ernst-August-Stollens darstellend

Der gesamte dreiflügelige Gebäudekomplex liegt auch heute noch an einem nach Süden und Westen geneigten Hang. Auf alten Stichen ist die Vorderfront des Hauptgebäudes mit einem eichenen Staketenzaun, später mit einem hohen klassizistischen Zaun aus Gußeisen umgeben. Dieser fiel 1940 der Alteisensammlung zu Rüstungszwecken zum Opfer[12]. Dahinter hat vermutlich ein steingefaßter Graben zum Abfließen der Regen- und Schmelzwässer gelegen. Er ist heute noch erkennbar und wird durch ein unauffälliges, niedriges gußeisernes Gitter geschützt.

Garten und Innenhof wurden zum großen Teil mit einer Bruchsteinmauer umgeben, wobei der Eingang zum Hof vier viereckige Säulen erhielt, die am Kopf mit je einer steinernen Kugel verziert waren. Auf diese Weise bildete das gesamte Areal eine nahezu geschlossene architektonische Einheit. Durch die Hanglage schneidet die Nord-Ost-Ecke des Gebäudes allerdings in das Gelände ein, was sich im Laufe der Zeit durch die häufigen Änderungen am Baukörper der Straße wie des Marktplatzes wahrscheinlich noch verstärkt hat. Die Schönheit des Gebäudes wurde jedenfalls durch die detaillierte Gliederung seiner Fenster hervorgerufen. An der Straßenseite befinden sich heute noch teilweise Schiebefenster, allerdings in moderner Ausführung, wobei die Aufteilung der Glasfläche imitiert wurde, um dem alten Baustil zu entsprechen.

Im Jahr 1731 wurde das neue Amtsgebäude bezogen. Die Abschlußrechnung erstellte Vizebergschreiber Wilhelm Ernst Schacht. Sie wurde am 8. April 1734 durch Erlaß bestätigt. Die Bausumme betrug 28 369 Taler[13].

Spätere bauliche Erweiterungen und Veränderungen

Ursprünglich war das Gebäude mit Sollinger Platten bedeckt, die man 1830 gegen Schiefer austauschte. 1912 wurden diese wiederum gegen den Widerstand des Provinzial-Konservators durch schwarz glasierte Falzsiegel ersetzt[14]. Die Frontseiten, die verputzt worden waren, erhielten 1838 eine Bretterverschalung, die geschickt ein Quadermauerwerk vortäuschte. Ihr Anstrich hat mehrfach gewechselt. Heute ist er in Altrosa gehalten mit abgesetzten weißen Fensterrahmen, – ähnlich wie auf dem Aquarell von W. Ripe aus dem Jahr 1856 zu erkennen ist. Zum Innenhof hin erhielten der Treppenhausanbau und die oberen Gebäudeteile einen Schieferbehang[15].

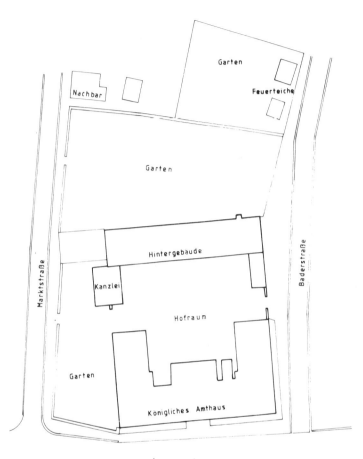

Lageplan

des Königlichen Oberbergamtsgebäude

zu Clausthal von 1901

Abb. 9: Lageplan des Königlich Preußischen Oberbergamts zu Clausthal mit Nebengebäude
von 1901

13

14 Abb. 10: Königlich Preußisches Oberbergamt zu Clausthal nach Erweiterung, um 1912

Ein Umbau mit einer wesentlichen Erweiterung des gesamten Gebäudekomplexes erfolgte in den Jahren 1904/08. Er ist im Zusammenhang mit den neuen Aufgaben zu sehen, die die Bergbehörde inzwischen erhalten hatte. Damit einhergehend hatte die langsame, aber stetige Vergrößerung des Personals zu einem erhöhten Raumbedarf geführt, so daß sich die preußische Regierung 1904 nach vielen Jahren des Abwägens und Vorverhandelns[16] zu der Erweiterung entschloß. Eine ähnliche Entwicklung trat übrigens auch bei einigen anderen Oberbergämtern ein; so ist beispielsweise der Neubau der Oberbergämter in Dortmund und Breslau in der gleichen Zeit erfolgt.

Für den Erweiterungsbau war der Abriß sämtlicher Hintergebäude, wie z. B. des Kanzleigebäudes, der Pferde- und Rinderställe sowie der Remisen, notwendig (Abb. 9). Der Erweiterungsbau schloß an den südlichen Seitenflügel an und vergrößerte die Gebäudeflucht an der Silberstraße um gut 33 m. Dann folgte ein Westflügel, der in einem hohen Bibliotheksturm an der Baderstraße endete. Durch die Hanglage nach Westen hatte dieser Komplex bei fast gleicher Dachhöhe wie das alte Amtsgebäude eine beachtliche Höhe und stellte den dienstlichen Zwecken viel Raum zur Verfügung. Den Kreuzungspunkt mit dem Süd- und Westflügel gestaltete man als Turm mit einer sog. welschen Haube (Abb. 10), und er enthielt das baulich gelungene Treppenhaus mit einem Ausgang zum Innenhof. Der Turm, der die Höhe der Dachfirste überragte, wurde 1950 wegen Baufälligkeit so weit abgetragen, daß er als solcher heute kaum noch zu erkennen ist.

Aus Gründen der Feuersicherheit wurde der Erweiterungsbau massiv aus Ziegeln errichtet. Seine Verbindungen zum alten Südflügel erhielten Brandtüren. Zum Innenhof, der nun erst einen vollständig geschlossenen Hofcharakter aufwies, bekamen die Fassaden gelben Verblendstein sowie Fenster- und Türeinfassungen aus rotem Sollinger Sandstein. Der Bibliotheksturm erhielt am Giebel neugotische Sandsteinverzierungen, ganz nach zeitgenössischem Geschmack. Wie eine Entwurfzeichnung für die Südwestseite aus dem Jahr 1906 zeigt, war die Fassade des Erweiterungsbaus reich gegliedert. Die Bauplanung und -durchführung lag in den Händen des Königlichen Baurats Ziegler, dem Leiter der Bauinspektion zu Clausthal. Die Aufträge für Material und Handwerksarbeiten gingen in großem Umfang an Oberharzer Betriebe. So sind z. B. die Handwerksbetriebe Raabe, Marbach, Thurand und die Lieferanten Meyer und Rhode zu nennen. Den Sollinger Sandstein lieferte ein Streinbruchbesitzer in Hannover (Abb. 11, 12).

15

*Abb.3 Haupttreppenhaus – Ansicht nach
Abtrennung der Umfasungswände*

Abb. 11: Bauzeichnung der Preußischen Bauinspektion für das Treppenhaus – 1906

Abb. 12: Treppenhaus im preußischen Erweiterungsbau von 1906 (Aufnahme 1982)

18 Abb. 13: Innenhof des Oberbergamts (Aufnahme 1982)

Im Oktober 1904 begannen die ersten Fundamentierungsarbeiten, ein Jahr später wurden sie fortgesetzt, und im Jahr 1906 konnte bereits der Bibliotheksturm bezogen werden. Im Herbst 1908 wurden die restlichen Gebäude ihrer Bestimmung übergeben. Mit dem größeren Raumangebot war es möglich, die Markscheiderei, die vorher im Zehntgebäude an der Oseröder Straße untergebracht war, in das Oberbergamt einziehen zu lassen. Die Wohnung des Berghauptmanns, die bisher im Nordflügel des alten Gebäudes gelegen war, wurde auf die gesamte erste Etage ausgedehnt. Die Baukosten beliefen sich nach der Endabrechnung vom 24. September 1909 auf rd. 290 000 Mark, der ursprüngliche Kostenvoranschlag war streng eingehalten worden[17].

Wenn auch der preußische Erweiterungsbau in sich nicht unharmonisch wirkt, so ist doch festzustellen, daß diese Architektur einer anderen Stilepoche entstammt als der Altbau. Daß eine Abstimmung der beiden Stilarten weitgehend unterblieben war, muß daher kritisch angemerkt werden.

Dem Oberharzer Klima war aber der Sollinger Sandstein, insbesondere bei den hohen Giebeln des Bibliotheksgebäudes und der Südwestecke des Erweiterungsbaus nicht gewachsen. Auch das Ziegelmauerwerk litt unter der feuchten Witterung. So hielt der Clausthaler Berghauptmann Wilhelm Bornhardt im Jahr 1924 in den Akten fest: „Die hiesigen Witterungseinflüsse machen häufigere und umfassende Instandhaltungsarbeiten und eingehende Gebäudekontrolle notwendig. Die lang anhaltenden Kälteperioden zwingen dazu, die hauptsächlichen Instandhaltungsarbeiten in einem kurzen Zeitraum zusammenzudrängen."[18] So wurden kurz vor Ausbruch des Zweiten Weltkrieges der gesamte preußische Erweiterungsbau einschließlich des Bibliotheksturms bis auf die Nord- und Ostseite zum Innenhof mit Brettern beschlagen und die dekorativen Sandsteine der Giebel abgetragen. Die Vorderfront erhielt damit eine Verschalung, wie sie sich im Oberharz seit Jahrhunderten bewährt hat und schließlich auch am Altbau verwendet worden ist. Sie verlangt zwar nach mehreren Jahren einen Neuanstrich, der aber den gesamten Gebäudekomplex schützt und ihn immer wieder in neuem Farbenglanz erstehen läßt.

In der Mitte des Innenhofes befindet sich ein Rondell mit Grünanlagen und einer heute sicher schon mehr als 130 Jahre alten Rotbuche. Sie ist ein Indiz dafür, daß diese Anlage schon in der hannoverschen Zeit gestaltet worden ist. Dazu gehörte sicher auch die heute noch benutzte, mit Bruchsteinen ge-

19

Abb. 14: Laufbrunnen mit einem Entsilberungskessel im Innenhof des Oberbergamts, errichtet nach 1818 (Aufnahme 1982)

pflasterte Rundfahrt, die ein Vorfahren der Wagen auch vor dem Hintereingang des alten Gebäudes zuließ (Abb. 13, 14).

Das historische Eingangsportal zum Innenhof mit der Mauer mußte 1975 wegen Baufälligkeit erneuert werden, wobei man seinen Charakter weitgehend zu erhalten versuchte: Das moderne, massive zweiflügelige Stahltor mit dem vergoldeten Schlägel- und Eisenemblem in der Mitte wirkt nicht störend, sondern weist vielmehr auf den bergbehördlichen Amtssitz hin. Im Blickfeld des Eingangstores befindet sich ein mit massiven Holzbrettern verkleideter Wasserspender mit einem gußeisernen halbkugelförmigen Kessel, einem früheren Entsilberungskessel, in dem das Blei vom Silber getrennt wurde und der vermutlich in der Clausthaler Hütte benutzt worden ist. Die Holzverschalung ist mit einem kleinen Dach versehen, unter dem sich das Steigrohr befindet. Das holzgeschnitzte Halbrelief eines springenden Hirsches auf Schlägel und Eisen weist auf das frühere hannoversche Berg- und Forstamt hin. Der Wasserzulauf war nicht an den im Nordflügel des alten Amtshauses vorhandenen 9 m tiefen Brunnen, sondern offensichtlich an das seit 1818 für das Oberbergamt bestehende Frischwasser-Röhrensystem angeschlossen gewesen. Der Anschluß an die städtische Wasserversorgung erfolgte erst 1900/01[19]. Der alte Südflügel erhielt 1913/14 einen hölzernen Vorbau, der die architektonische Harmonie stört, aber einen Balkon trägt und über eine Falltür den Abstieg zum Garten ermöglicht. Er wurde angelegt, nachdem das gesamte Obergeschoß des alten Gebäudes zur Wohnung des Berghauptmanns geworden war[20].

Mit der Erweiterung des Baukörpers mußte auch die Heizung für den gesamten Gebäudekomplex neu konzipiert werden. Ursprünglich waren offene Kamine, später Öfen verwendet worden, wobei die Rauchgase über Schornsteine abgeführt wurden. Ältere bildliche Darstellungen zeigen diese auf den Dachfirsten. 1906/07 wurden eine Zentralfeuerungsanlage im Erdgeschoß des erweiterten Südflügels errichtet und eine Zentralheizung installiert. Gefeuert wurde mit Obernkirchner Koks aus dem Kohlenrevier am Deister[21]. An der Heizungsanlage erfolgten immer wieder Umbauten, die mit der Umstellung auf andere Brennstoffe verbunden waren. Die meisten Schornsteine wurden auf dem Dachboden abgedeckt, so daß von außen die Gliederung der Dächer nicht unterbrochen wird, sondern nur die gelungenen Dacherker Akzente setzen.

22   Abb. 15: Oberbergamtsgebäude im Winter 1978/79

Der Gebäudekomplex des Oberbergamtes nahm während des Zweiten Weltkrieges nur geringfügigen Schaden[22]. Einen eher indirekten Schaden hat die Gartenanlage erlitten, die im Laufe der Jahrhunderte zu einem Park mit einem teilweise sehr alten Baumbestand herangewachsen war: Durch das Anlegen von Luftschutzstollen ist der Garten weitgehend zerstört worden. Nach der Neugestaltung, die im Jahr 1954 begonnen wurde, hinterläßt er wieder einen gepflegten Eindruck[23].

Die innere Gliederung des Gebäudes

Die innere Gestaltung des Amtsgebäudes, das zwischen 1727 und 1730 errichtet worden ist, zeigt die Wertschätzung des Oberharzer Bergbaus in den Augen der Kammer in Hannover. Sie vertrat Georg II. als König und Kurfürst. Im Gegensatz zu dem 1700 bezogenen Behördensitz wurden jetzt auch Stuckarbeiten zugelassen. Mit den Innenarbeiten im allgemeinen wurde der Hoftischlermeister Johann Paul Heumann jun., mit den Malerarbeiten Johann Jobst Fischer, beide aus Hannover, beauftragt. Besondere Malerarbeiten übernahmen die Goslarer Johann Andreas Schubart und Johann Barthold Hischebeck[24]. Die Räume waren auf die Flure ausgerichtet, die im gesamten Gebäudekomplex in allen Geschossen längs des Innenhofes verlaufen. So sind alle Räume zum Marktplatz bzw. den Seitenstraßen ausgerichtet. Die Räume des Nord- und Südflügels einschließlich des Flures erhielten teilweise Deckengewölbe, im Erdgeschoß waren allerdings die Stuckarbeiten äußerst bescheiden. Die Eingangshalle und der Treppenhausanbau wurden in einer ansprechenden Weise, die arkadenähnliche Bauelemente aus Holz und abgewogene Tischlerarbeiten im Stil eines bescheidenen Barocks verwertet, in einem festlichen Grau und Weiß gehalten.
Im Nordflügel fand eine Küche Platz, und insgesamt wurden sieben Logis eingerichtet, die jeweils aus einem Kabinett, einem Schlafraum mit Vorkammer und Garderobe bestanden. Im Laufe des 19. Jahrhunderts wurden entsprechende Räume im Anschluß an den Weißen Saal nach Süden für königliche Gäste eingerichtet[25]. Aus dieser Zeit dürfte ein Teil der noch vorhandenen alten Möbel stammen. Daß königliche Hoheiten bei ihrem Besuch im Oberharz im Clausthaler Amtsgebäude wohnten, zeigt auch das Bild von W. Ripe, in dem die Verabschiedung von Georg V. und seiner Gemahlin

23

24 Abb. 16: Treppenhaus mit Thronsessel im hannoverschen Teil des Oberbergamts

Abb. 17: Das Königlich Hannoversche Berg- und Forstamt zu Clausthal — Aquarell von W. Ripe
von Oktober 1856

25

durch den Berghauptmann von dem Knesebeck im Sommer 1856 dargestellt wird (Abb. 17).

Entsprechend ihren Funktionen sind die teilweise sehr großen Räume unterschiedlich gestaltet worden. So sind noch heute in einigen Räumen Deckenstukkaturen vorhanden, drei offene Kamine in Sandstein gefaßt bzw. die Nischen für die Öfen erhalten geblieben. Die Beheizung der Öfen erfolgte vom Flur aus. Die entsprechenden Klappen, teilweise mit schmiedeeisernen Beschlägen versehen, sind gleichfalls noch erhalten. Ferner sind noch drei alte gußeiserne Öfen vorhanden, zwei davon sind 1855 von der Carlshütte bei Delligsen geliefert worden. Beide besitzen ein gußeisernes vergoldetes Relief, das eine zeigt Georg V., letzter König von Hannover, das andere seine Gemahlin Marie, Prinzessin von Sachsen-Altenburg[26].

26 Abb. 18: Dachboden des Königlich Groß-Britannischen und Kurfürstlich Hannoverschen Bergamtes zu Clausthal

Von den Räumen des alten Amtsgebäudes sind das Zimmer des Berghauptmanns, das Zimmer im Anschluß an den Balkon an der Südseite sowie der
Blaue Salon mit dem danebenliegenden Weißen Saal hervorzuheben. Sie
zeichnen sich durch mit weißem Schleiflack versehene Holzpaneele aus,
durch die Gestaltung der Decken und die noch vorhandenen offenen Kamine
aus schlicht-vornehmem Sandstein, die der Herzberger Bildhauer Johann
Christian Hartig angefertigt hat[27].

Bevor auf die beiden repräsentativen Räume der Behörde eingegangen wird,
soll eine Kuriosität erwähnt werden, die sich auf dem eindrucksvollen, hölzernen Dachboden des Hauses befindet (Abb. 18): Über eine Rolle und einen
Seilzug ließen sich von hier aus in der Stukkatur der Querwände im Weißen
Saal zwei schiebefensterähnliche Öffnungen herstellen. Auf diese Weise
konnten unbemerkt die unten geführten Gespräche abgelauscht werden. Die
Anlagen sind noch heute vorhanden, die kleinen Öffnungen bestehen allerdings nicht mehr.

Der Weiße Saal

Zum Weißen Saal gelangt man über das Treppenhaus, an das sich, abge-
trennt durch eine Zwischenwand mit schmuckvollen arkadenähnlichen Fen-
stern und Türen, ein längerer Flur anschließt. Schon beim ersten Blick fällt die
Flügeltür ins Auge. Rechts davon steht eine langgezogene, flache Kommode
mit Ablage, links davon befinden sich drei Spiegeltischchen mit Kerzenleuch-
tern. Möbel wie Spiegelfassungen sind schlichte Tischlerarbeiten.

Kerzenbeleuchtung verleiht dem Flur einen festlichen und würdigen Eindruck. Dieser wird verstärkt durch gußeiserne bronzegetönte Ornamente an
Möbel- und Flügeltüren, wobei auch die Königskrone und das springende
hannoversche Roß verwendet wurden, und durch zwei prächtige sechsker-
zige Kronleuchter aus Bronze, verziert mit Weinlaub und großen Blüten. Die
gußeisernen Ornamente, die auch im Weißen Saal über den Ofennischen
noch vorhanden sind, wurden 1838 von der Roten Hütte bei Elbingerode und
der Königshütte bei Lauterberg geliefert[28].

Der Weiße Saal hat im Laufe der Zeit mancherlei Änderungen erfahren, die
sich nicht mehr ganz nachvollziehen lassen. Er ist der schönste und prächtig-
ste Saal im gesamten Oberharz und wird bei festlichen Anlässen gern benutzt, dient aber auch als Sitzungssaal für die dienstlichen Erfordernisse des

Abb. 19: Ausschnitte aus dem „Weißen" Saal des Königlich Groß-Britannischen und Kurfürstlich Hannoverschen Bergamtes zu Clausthal

28

Oberbergamtes. Umbauten erfolgten beispielsweise in den Jahren 1837/38 zur Zeit von Oberbergrat Wilhelm August Julius Albert und 1956/57 zur Zeit von Berghauptmann Kurt Wunderlich, wobei die letzten Restaurierungsarbeiten in den Händen des Landeskonservators und des Restaurators Christian Buhmann aus Hannover lagen[29].

Der Saal liegt quer zum Eingang. An der dem Marktplatz zugewandten Fensterseite wird durch die Verringerung der Fensterabstände zur Mittelachse, in der Balkon- und Eingangstür liegen, eine räumliche Verdichtung erreicht. In den beiden Ecken gegenüber der Fensterfront befinden sich in Nischen die bereits erwähnten gußeisernen Öfen (Abb. 19). Früher zeigten die Querwände je einen offenen Marmorkamin; darüber schmückten Ölgemälde die Stuckfelder, was sich erst bei Restaurierungsarbeiten in den fünfziger Jahren dieses Jahrhunderts herausstellte[30]. Für Wohnzwecke während des letzten Weltkrieges und in der Nachkriegszeit wurden vorübergehend Zwischenwände eingezogen, und die offenen Kamine wurden 1837 bei der Umstellung auf Ofenheizung entfernt[31].

Die Wände, Ofennischen und Türen des Saals sind seit den Restaurierungsarbeiten von 1956/57 wieder mit Paneelen und Stuckarbeiten in schöner barocker Ornamentik geschmückt. Durch geschickte Farbgebung der einzelnen Felder und Rahmen — es überwiegen die Pastellfarben Weiß, Zartgrün und Rosa als Schleiflack und Binderfarbe — wird eine festliche Wirkung erzielt. Alle früheren Stuckarbeiten konnten nicht wieder hergestellt werden. So fehlt in der Stuckkartusche über der Haupteingangstür das springende Roß. Über den beiden Ofennischen ist in bronzegetöntem Gußeisen der Namenszug König Ernst Augusts mit Krone zu sehen. Die ästhetische Wirkung des Saals erhöht sich durch sechs Wandspiegel in barocker Fassung, die erst 1957 angebracht wurden[32].

Eine optische Dominante ist das übergroße — 1956 restaurierte — Deckenbild, das von dem Goslarer Maler Johann Andreas Schubart geschaffen worden ist. Das Bild symbolisierte früher die Verherrlichung von Georg I., später die von Georg III. Eine Genie hält den Schild mit dem Namenszug Georg III. Putten schweben in den Wolken und blasen Windstrahlen. Der künstlerische Wert des farbenprächtigen Bildes mag umstritten sein und war es offensichtlich schon zur Zeit der Entstehung, denn Schubart malte in einen der Windstrahlen: ,,Au dèpit des mes Envieux'' (Meinen Neidern zum Trotz) (Abb. 20).

Im Weißen Saal befinden sich ferner vier Ölporträts. Sie zeigen Herzog Ernst-August von Calenberg (1679–1698), den ersten Kurfürsten von Hannover, seinen Sohn Georg. Ludwig (1698–1727), der 1714 als Georg I. den englischen Thron bestieg, den König Ernst August von Hannover (1837–1851) sowie die hannoversche Prinzessin Sophie Charlotte (1668–1705), die Gemahlin des Kurfürsten Friedrich III. von Brandenburg, des späteren Königs in Preußen.

Vom historischen Mobilar sind nur fünf einfache, grau gestrichene barocke Beistelltische erhalten geblieben. Bei der Restaurierung von 1956/57 ist die Ausleuchtung des Saals neu gestaltet worden, wobei man versuchte, alte Stilelemente und neue Technik harmonisch miteinander zu verbinden. An den Querwänden wurden sechs Spiegel und zehn dreiarmige gläserne

Abb. 20: Ausschnitt aus dem Deckengemälde im Weißen Saal

Leuchter angebracht, und in der Saalmitte mildert nunmehr ein 24kerziger Kronleuchter aus Glas die etwas erdrückende Wucht des Deckengemäldes von Schubart.

Aus der Entstehungszeit des alten Amtsgebäudes stammt das Parkett im Weißen Saal, das — im Gegensatz zu den Dielenböden in den anderen Räumen — nur hier verlegt worden ist. In seiner Ornamentik und Farbgebung, durch die Verwendung von hellerem und dunkierem Holz (Eiche und Ahorn) zeigt es eine gelungene, wenn auch einfache Klarheit.

Der Kleine Saal

Im Gegensatz zum großen, dem Weißen Saal, ist der Kleine Saal, der im Alltag der Bergbehörde eine große Rolle spielt, preußisch schlicht gehalten. Auch er besitzt eine hölzerne Eingangstür, die fast schwarz gebeizt ist und auf jedem der beiden Flügel die preußische Königskrone, den preußischen Adler und eine Froschlampe zeigt.

Die dunkle Tönung der Türen setzt sich in den Holzpaneelen fort. In einer Ecke des Raums befindet sich ein farblich entsprechender Holzschrank zur Aufbewahrung von Mineralien (Abb. 21), in der anderen ist ein holzgeschnitzter Kamin, eine Imitation, eingebaut worden. Das Schnitzwerk an den Paneelen, den Türrahmen, dem Schrank und Kamin ist im Jugendstil gehalten. An den Türen fehlen die Eule als Sinnbild der Gelehrsamkeit und der preußische Adler nicht. An den weißen Deckenbalken sind Stukkaturen erkennbar, die den preußischen Adler, Schlägel und Eisen sowie die Oberharzer Froschlampen enthalten.

Das Mobilar ist zweifellos älter als der Saal. Es besteht aus einem schlichten, großen Sitzungstisch und schönen Biedermeier-Stühlen mit Armlehnen. Über den Holzpaneelen sind in langer Reihe die Bilder der preußischen und niedersächsischen Berghauptleute und Präsidenten der Behörde seit 1868 aufgehängt sowie fotografische Reproduktionen von Porträts einiger Berghauptleute aus der hannoverschen Zeit. Hierunter befinden sich Claus Friedrich von Reden (1769—1791), Friedrich Wilhelm Heinrich von Trebra (1791—1796), Franz August von Meding (1803—1812, 1813—1816) und Oberbergrat Wilhelm August Julius Albert, Direktor des Berg- und Forstamtes und Erfinder des Drahtseiles für die Schachtförderung[33].

31

Abb. 21: Der „kleine" Sitzungssaal im preußischen Erweiterungsbau des Oberbergamtes von 1906

Sammlungen

In der Eingangshalle des Hauptgebäudes fällt als Mobilar ein Sessel auf, der dem Thronsessel Kaiser Karl des Großen im Aachener Dom nachempfunden worden ist. Sein Alter wird auf mehr als 250 Jahre geschätzt[34]. Er stand bis zu deren Stillegung in der Clausthaler Grube Dorothea in einem steinfallgesicherten Raum, in der sog. Königsfirste. Dort diente er als Sitzgelegenheit für „hohen Besuch" und wurde bei solchen Gelegenheiten mit Tannengrün und Moos weich ausgelegt. In seinem stabilen hölzernen Rahmen sind in den freien Feldern Stufferze, vor allem Bleiglanz und Kupferkies, eingelassen. Erwähnenswert in der Eingangshalle sind ferner drei schöne weiß bzw. hellgrau gestrichene, große Schränke im barocken Stil.

In der Eingangshalle und im Treppenhaus dürften außerdem die schmiedeeisernen Ausbeutefahnen auffallen, die von den früheren Bergschmieden kunstvoll ausgestanzt wurden und auf den Dachfirsten der Zechenhäuser oder auf der Spitze der Gaipel als Wetterfahne befestigt waren (Abb. 22). Sie sind Unikate und waren im Harz zwischen dem 17. und dem 19. Jahrhundert in Gebrauch. Im Jahr des ersten wirtschaftlichen Gewinns aus einem Grubenbetrieb hergestellt, zeigen sie meist Schlägel und Eisen, ein Wappen oder eine allegorische Darstellung sowie den Namen und die Anfangsbuchstaben des leitenden Betriebsbeamten, meistens des Oberbergmeisters. Im Oberbergamt sind die Originale von insgesamt neun Ausbeutefahnen vorhanden, zwei stammen von der Grube Dorothea, deren Zechenhaus unweit der Straße von Clausthal nach Braunlage, in der Nähe des Abzweiges nach Altenau, noch heute erhalten ist[35].

Sehenswert sind auch mehrere mit schmiedeeisernen Bändern beschlagene Truhen von erheblichem Gewicht, in denen früher die „Silberkuchen", das im Treibherd ausgebrachte Silber, in die Münzstätte transportiert wurden. Originell ist zudem eine alte Schichtglocke gegenüber dem Kleinen Saal, mit der einstmals Schichtanfang und -ende auf dem Bergwerk angezeigt wurden.

Das Oberbergamt besitzt auch eine umfangreiche Sammlung von Porträts, die teilweise in den Fluren aufgehängt sind. So wurde eine Kollektion von Ölgemälden 1764/65 von Johann Ludwig Peittmann geschaffen. Sie zeigen den Berghauptmann Georg Philipp von Bülow (1750–1765) sowie neun seiner Beamten, wie z. B. Zehntner, Geschworener, Bergsekretär, Oberförster und Unterbergmeister. Eine weitere Sammlung, die von der Kurfürstin

Abb. 22: Ausbeutefahne der Grube Herzog Georg Wilhelm (1697) und Herzog Christian Ludwig (1717) im Treppenhaus des Königlich Groß-Britannischen und Kurfürstlich Hannoverschen Bergamtes zu Clausthal

Sophie dem Zellerfelder Bergamt geschenkt worden war, stellt Mitglieder der Fürstengeschlechter dar, die den Oberharzer Bergbau als Landesherren regierten. Es sind einerseits Herzöge von Calenberg oder Lüneburg bzw. Kurfürsten von Hannover und andererseits Herzöge von Braunschweig und Wolfenbüttel. Auch ein Gemälde von Ludwig XIV., König von Frankreich (1643−1715), ist vorhanden. Das Oberbergamt erhielt es neben anderen im Jahr 1958 als Leihgabe vom Landkreis Zellerfeld, auch wenn sich kein Bezug zum Oberharzer Bergbau daraus ableiten läßt[36].

Das Oberbergamt besitzt auch zwei Mineraliensammlungen. Die eine ist in den Fluren des Amtsgebäudes ausgestellt und enthält Bodenschätze aus den verschiedenen Bergbauzweigen des heutigen Oberbergamtsbezirks. Darüber hinaus sind darin besonders schöne Schaustücke aus dem Oberharz enthalten. Die andere Sammlung, die sog. Andreasberger Mineralienproben, ist als Leihgabe im Hauptgebäude der Technischen Universität Clausthal zu besichtigen.

Zu den Sammlungen gehört schließlich eine Reihe von Farbaufnahmen aus dem heutigen Bergbau. Sie geben ein anschauliches Bild von der Vielseitigkeit der Bergbauzweige und der dort angewandten Technik, die sowohl auf dem Festland als auch auf dem Meeresboden Bodenschätze gewinnbar macht.

Archiv und Bibliothek

Dank der langen Geschichte des Oberbergamtes und seinen Vorläufern, den Bergämtern in Clausthal und in Zellerfeld, ist der Bestand an Archivalien besonders umfangreich und reicht bis in das Jahr 1524 zurück. Das Archiv läßt sich in zwei Teile aufgliedern: in das Althannoversche Bergbauarchiv (1524−1869/70) und in das Archiv des Preußischen Oberbergamtes Clausthal bzw. des Niedersächsischen Oberbergamtes, das bis in die Gegenwart hineinreicht. Es ist selbstverständlich, daß besonders die Altbestände eine Fundgrube für die Geschichtsforschung unter vielfältigen Fragestellungen sind. Das von Herbert Dennert aufgestellte Verzeichnis ,,Quellen zur Geschichte des Bergbaues und Hüttenwesens im Westharz von 1524−1634'' ist ein wichtiges Findmittel für die ältesten Akten.

Die Bibliothek mit ihren mehr als 41 000 Bänden ist eine weitere Kostbarkeit. Ihr Ursprung geht vermutlich auch bis in das 16. Jahrhundert zurück, der älteste Band ist die auf Pergament geschriebene Rammelsberger Bergordnung aus dem Jahr 1359. Zu den Seltenheiten zählen weitere Bergordnungen aus den Anfangsphasen des Bergbaus, Ausgaben von Agricola oder geistliche Bücher, wie die „Sarepta", die Bergpredigten des Pfarrers Mathesius (geb. 1504, gest. 1565), nicht zuletzt Gästebücher der für den Oberharz berühmten Grube Dorothea, in denen sich auch Eintragungen Goethes befinden.

Erst 1868, nach dem Übergang an Preußen, ist der erste Katalog der Bibliothek erarbeitet worden. Ein neues Ordnungssystem kam 1893 hinzu, das dank seiner Flexibilität noch heute angewendet wird. Von 1889 bis 1962 wurde die Bibliothek des Oberbergamtes in Personalunion mit der der Bergakademie Clausthal geführt. Beide Bibliotheken wurden 1906 im Bibliotheksturm des Erweiterungsbaus des Oberbergamtes untergebracht.

Markscheiderei

Das jahrhundertelange Arbeiten der Markscheider, der Vermessungsingenieure des Bergbaus, hat gleichfalls eine Reihe von historisch wertvollen Dokumenten hinterlassen. Aus den Grubenbildern läßt sich die Entwicklung der grubenrißlichen Darstellung gut verfolgen[37]. Eine Reihe dieser Dokumente ist nicht nur als technisches Hilfsmittel für den Bergbaubetrieb und die Bergverwaltung zu bezeichnen, sondern schon eher als Kunstwerke von übergeordnetem Rang. Hierunter fallen beispielsweise die Risse von Zacharias Koch aus dem Jahr 1606 und der von Adam Illing von 1661, die beide Grubenbaue bzw. Stollen aus dem Oberharzer Revier erfaßt haben.

Vom landesherrlichen Berg- und Oberbergamt

Schon vor dem 16. Jahrhundert wurde im Oberharz Bergbau betrieben, doch die Pestkatastrophen des 14. und 15 Jahrhunderts sowie die harten Lebensbedingungen im Gebirge und die politisch unsicheren Zeiten führten zu einer Entvölkerung, so daß die verlassenen Grubenbaue ersoffen und einstürzten. Die Lage änderte sich am Beginn des 16. Jahrhunderts, als der Oberharz politisch zu drei verschiedenen Territorien gehörte: Das Gebiet mit den späteren Bergstädten Grund, Wildemann, Zellerfeld und Lautenthal − ohne die Reichsstadt Goslar − war Besitz der Herzöge von Wolfenbüttel, die Region um die späteren Bergstädte Clausthal und Altenau gehörte den Fürsten von Grubenhagen, ebenfalls einer welfischen Linie, und schließlich ist die Grafschaft Honstein zu nennen mit dem Gebiet um Andreasberg, die 1593 zu Grubenhagen kam[38].

1524 erließ Herzog Heinrich der Jüngere von Braunschweig-Wolfenbüttel eine Bergfreiheit, die allen in den Oberharz ziehenden Bergleuten umfangreiche und bedeutende Privilegien zusicherte. Dem Ruf folgten vor allem Bergleute aus dem sächsischen Erzgebirge. Um den dadurch wieder auflebenden Bergbau zu ordnen und zu überwachen, wurde der besonders erfahrene Bergmeister Wolf Sturtz aus St. Joachimsthal in den Oberharz berufen. Gleichzeitig erließ man eine Bergordnung, die neben den bergrechtlichen Verhältnissen die Ausübung der Verwaltung der Bergbaubetriebe durch die dazu bestellten landesherrlichen Beamten regelte. An der Spitze der Verwaltung stand der Berghauptmann mit seinen Beamten ,,vom Leder'', z. B. dem Bergmeister und dem Geschworenen oder bergwirtschaftskundigen Beamten wie dem Zehntner, und Bergleute ,,von der Feder'' wie dem bergrechtskundigen Bergschreiber. Im Jahr 1570 wurde unter Verleihung eines Siegels das Bergamt in Zellerfeld eingerichtet und damit die schon seit etwa 1524 bestehende Verwaltung bestätigt (Abb. 23).

Im Grubenhagenschen Harzteil verlief der Wiederanfang ähnlich. Der Bergbau bei Clausthal begann auf Initiative von Herzog Ernst IV. mit der Verkündung der Bergfreiheit (1550) und dem Erlaß einer Bergordnung (1554). Auch hier wurde eine Bergverwaltung unter der Leitung eines Berghauptmanns eingesetzt. 1593 wurde Clausthal Sitz des Bergamtes für das Gebiet der Herzöge von Braunschweig-Grubenhagen einschließlich der ehemaligen Grafschaft Honstein.

Die Aufsichtsbereiche der Bergämter in Clausthal bzw. Zellerfeld erstreckten sich nicht nur auf das Harzgebiet, sondern umfaßten das gesamte Gebiet des jeweiligen Fürstentums. Sowohl der Betriebsablauf als auch die Finanzen wurden beaufsichtigt. Die Betriebsaufsicht kontrollierte alle bergbautechnischen Maßnahmen einschließlich derjenigen, welche die Sicherheit des Betriebes zu gewährleisten hatten. Unter der Finanzaufsicht waren die Vergabe und Kontrolle der Bergwerksfelder, die Aufsicht über die bergbautreibenden Unternehmer, die Überwachung der betriebswirtschaftlichen Verhältnisse und das Lohnwesen zu verstehen. Hiermit wurde der Grundstein für die heutige Bergaufsicht gelegt.

Sonderdarstellung des Harzgebietes

a.) Grenzvertrag von 1531

Abb. 23: Verlauf der Grenzen nach dem Vertrag von 1531

b.) Kommunionteilung 1635 – 1788

Abb. 24: Kommunionteilung 1635–1788

c.) Berghauptmannschaft Clausthal (1851-1868)

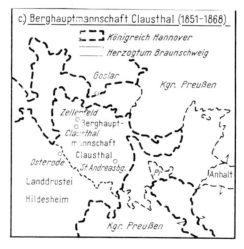

Abb. 25: Berghauptmannschaft Clausthal 1851–1868

Der Bergbau um Clausthal und Zellerfeld entwickelte sich zunächst günstig, aber am Beginn des 17. Jahrhunderts kam es immer häufiger zu Grubenstillegungen, weil mit der größeren Teufe die Betriebskosten stiegen, insbesondere für die Wasserhaltung, für die langen Förderwege und die Unterhaltung der Grubengebäude. Der Bergbau, der zunächst durch bergrechtliche Gewerkschaften, also weitgehend auf Privatinitiative, betrieben worden war, mußte mehr und mehr vom Landesherrn gestützt werden. Hierbei ging auch der Kuxenbesitz auf den Landesherrn über. Es entwickelte sich somit ein Bergbau, der unter zunehmendem Einfluß des Landesherrn geriet und unter der Leitung der eingesetzten Bergbeamten stand.

Während des Dreißigjährigen Krieges konnte der Oberharzer Bergbau fortgeführt werden und warf auch gute Erträge ab, wovon die 1642 errichtete Clausthaler Marktkirche Zeugnis ablegt. Im Jahr 1635 war nach dem Aussterben der Wolfenbüttelschen Linie ein Vertrag unter den drei erbberechtigten Linien, vertreten durch sieben Herzöge, geschlossen worden, wonach der gesamte Bergwerksbesitz und der Besitz an Hütten am Harz „nomini Communi" verwaltet werden sollte. Mit der Verwaltung dieses sog. Kommunionharzes wurde für Calenberg/Hannover der Berghauptmann in Clausthal betraut, der Berghauptmann in Zellerfeld erhielt den Anteil von Wolfenbüttel. Der Vorsitz beim paritätisch besetzten Bergamt wechselte zwischen den beiden Berghauptleuten jährlich. Diese Regelung hat sich für die Entwicklung der Berg- und Hüttenbetriebe günstig ausgewirkt, weil ohne Rücksicht auf landesherrliche Grenzen betriebswirtschaftlich und bergtechnisch sinnvolle Betriebseinheiten gebildet werden konnten. Auch die Aufgaben der den gesamten Bergbau umfassenden Wasserwirtschaft ließen sich gemeinsam lösen (Abb. 24).

1788 wurde im Clausthaler Amtshaus, im Weißen Saal, ein Vertrag geschlossen, in dem der gesamte Besitz an Bergwerken und Hütten im Oberharz auf das Kurfürstentum Hannover überging. Zuvor war schon die gemeinschaftliche Verwaltung nicht ohne Reibungen verlaufen, sie verstärkten sich, als der Kurfürst von Hannover 1714 zugleich König von Großbritannien wurde und meistens in London weilte. Hierdurch verzögerte sich manche Entscheidung der Geheimen Räte in Hannover[39]. Mit Vertragsabschluß schied Carl von Praun als letzter Zellerfelder Berghauptmann aus dem Dienst, erst vier Jahre später wurden die Geschäfte des Bergamtes in Zellerfeld vom Berg- und Forstamt in Clausthal übernommen[40].

Die kurze Zeitspanne, in der der Oberharz zum Königreich Westfalen des Napoleon-Bruders Jérôme gehörte, der in Kassel residierte, dauerte nur von 1807 bis 1813. Jérôme besuchte Clausthal zweimal, um sein Interesse an der Produktion von Blei und Silber sowie an der Ausbeute der Gruben zu bekunden. Bei beiden Anlässen war er Gast des Bergamtes in Clausthal[41].

Im Jahr 1822 wurde das Königreich Hannover verwaltungsmäßig neu gegliedert, indem sieben Verwaltungsbezirke – sechs Landdrosteien und die Berghauptmannschaft in Clausthal – entstanden. Die Berghauptmannschaft umfaßte den gesamten Oberharz und war eine Verwaltungsbehörde wie die Landdrosteien, aber ohne ständische Vertretung. Nicht nur Bergbau und Forsten, sondern auch alle Verwaltungs- und Justizangelegenheiten, die heute im wesentlichen von den Regierungspräsidenten bzw. den Justizverwaltungen behandelt werden, wurden unter dem Berghauptmann im Clausthaler Amtsgebäude zentralisiert. Dieser hatte außerdem, wie bisher, die Leitung des Berg- und Forstamtes inne[42].

Die Entwicklung im 19. Jahrhundert zeigt, daß der gewerkschaftliche Bergbau kaum noch finanzierbar und lebensfähig war. Besonders die bergtechnischen Großvorhaben wie das Auffahren des Ernst-August-Stollens zwischen 1851 und 1864 waren ohne staatliche Finanzierung nicht mehr zu verwirklichen. Der Staat mit seiner Bergverwaltung dominierte, wobei Bergaufsicht und Betriebsführung nicht mehr voneinander zu trennen waren. 1864 gelangte schließlich der gesamte Kuxenbesitz an das Königreich Hannover; der vollkommen fiskalische Bergbau wurde von den Berginspektionen Clausthal, Zellerfeld, Lautenthal, Silbernaal und St. Andreasberg verwaltet (Abb. 25)[43].

Das Oberbergamt in preußischer Zeit

Nach dem Krieg von 1866 fiel das Königreich Hannover an Preußen. Ein Jahr später wurde das hannoversche Berg- und Forstamt als preußisches geführt, bis es im Jahr darauf zum Oberbergamt deklariert wurde. Sein Zuständigkeitsbereich erstreckte sich von Schleswig-Holstein bis nach Hessen. Die Berginspektionen wurden beibehalten. Den privaten Bergbau beaufsichtigten die Bergämter in Goslar, Hannover, Kassel und Schmalkalden. Die Berghauptmannschaft Clausthal als allgemeiner Verwaltungsbereich wurde 1868 aufgehoben und der Landdrostei Hildesheim zugeteilt[44]. 1867 war bereits das Allgemeine Preußische Berggesetz im ehemaligen Königreich Hannover

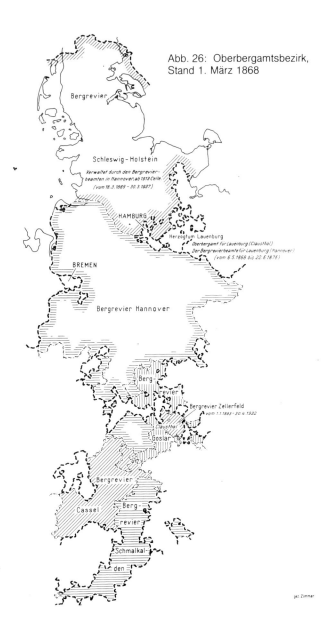

Abb. 26: Oberbergamtsbezirk,
Stand 1. März 1868

Bergrevier

Schleswig-Holstein
Verwaltet durch den Bergrevier-
beamten in Hannover, ab 1913 Celle.
(vom 16.3.1869 - 30.3.1937)

HAMBURG

Herzogtum Lauenburg
Oberbergamt für Lauenburg (Clausthal.)
Der Bergrevierbeamte für Lauenburg (Hannover.)
(vom 6.5.1868 bis 22.6.1876)

BREMEN

Bergrevier Hannover

Berg-
revier

Bergrevier Zellerfeld
vom 1.1.1893 - 30.4.1932

Clausthal
Goslar

Bergrevier

Cassel

Berg-
revier

Schmalkal-
den

ger. Zimmer

rechtsgültig geworden, das 1865 erlassen worden war. In diesem Zusammenhang wurden die fiskalischen Bergwerksfelder des Oberharzes im sog. Oberharzer Reservatfeld topographisch genau begrenzt und bergrechtlich erfaßt (Abb. 26)[45].

Die Berginspektionen des Oberharzes wurden beibehalten und der fiskalischen Verwaltung des Oberbergamts unterstellt, dadurch war der Clausthaler Berghauptmann nicht nur Chef des Oberbergamtes, sondern zugleich Generaldirektor der Bergbaubetriebe, der Inspektionen. Erst 1912 wurde die fiskalische Verwaltung einer Bergwerksdirektion, der staatlichen Oberharzer Berg- und Hüttenwerke, übertragen, die unmittelbar dem preußischen Handelsminister unterstand. Die Bergbehörde im heutigen Sinne, die sich mit den hoheitlichen und bergsicherheitlichen Aufgaben befaßt und die wirtschaftliche Betriebsführung wie die Verwaltung staatseigener Betriebe besonderen selbständigen Organen überläßt, zeichnet sich durch diese Aufgabenteilung bereits ab. Anzumerken sei, daß mit dem Auslaufen der Bergbaubetriebe im Oberharz wegen Erschöpfung der Erzvorräte oder aus wirtschaftlichen Gründen die Inspektionen nach und nach geschlossen wurden und die Verwaltung der verbleibenden Betriebe 1924 an die Preußische Bergwerks- und Hütten-Aktiengesellschaft (Preussag AG) überging[46].

Der Bezirk des Preußischen Oberbergamtes in Clausthal änderte sich im Laufe der Zeit wiederholt. Aufgrund neuer Bergbaubetriebe und aus Gründen, die sich aus der Geschichte des Deutschen Reiches ableiten lassen, erweiterte sich der Bezirk immer mehr, so daß 1943, als die Landesbergbehörde in die Reichsbergbehörde überführt wurde, die heutigen Bundesländer Schleswig-Holstein, Niedersachsen, Hamburg, Bremen sowie Teile von Hessen und Teile von Thüringen, das heute zur Deutschen Demokratischen Republik gehört, bergbehördlich von Clausthal aus verwaltet wurden. Durch die Autarkiebestrebungen konzentrierte sich in dieser Zeit die Bergbautätigkeit auf Eisenerz, Kali- und Steinsalze, auf Braunkohle und Erdöl. Besonders das neue Eisenerzrevier bei Salzgitter hatte einen gewaltigen Aufschwung genommen[47]. Dem Oberbergamt unterstanden seinerzeit acht Bergämter, und die personelle Besetzung erreichte mit 16 Beamten des höheren Dienstes ihren höchsten Stand (Abb. 27)[48].

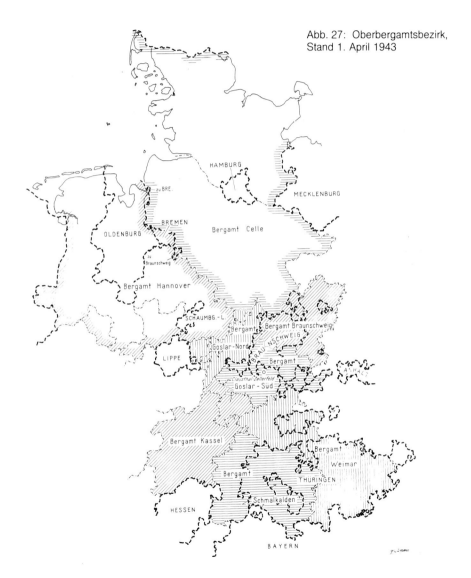

Abb. 27: Oberbergamtsbezirk,
Stand 1. April 1943

43

Das Oberbergamt seit 1947

Mit der Errichtung der Länder in den Besatzungszonen nach dem Zweiten Weltkrieg wurde 1947 die staatliche Bergverwaltung wieder als Landesbergbehörde eingesetzt. Durch Staatsverträge wurde das Oberbergamt in Clausthal-Zellerfeld nicht nur obere Bergbehörde für Niedersachsen, sondern auch für die Bundesländer Schleswig-Holstein, Hamburg und Bremen. Die Zahl der Bergämter verringerte sich auf sechs mit den Sitzen in Celle, Hannover, Hildesheim, Goslar, Wolfenbüttel und Meppen, das erst 1951 eingerichtet wurde. Das Bergamt Hannover wurde zugleich untere Bergbehörde für das Land Bremen, das Bergamt Celle erhielt die gleiche Funktion für die Länder Schleswig-Holstein und Hamburg.

Rechtsgrundlage für die Bergaufsicht im Bezirk des Oberbergamtes Clausthal-Zellerfeld war im wesentlichen das Allgemeine Preußische Berggesetz von 1865. In den ehemaligen Ländern Schaumburg-Lippe, Oldenburg und Braunschweig waren zudem eigene Berggesetze in Geltung, die in der zweiten Hälfte des 19. Jahrhunderts und um die Jahrhundertwende erlassen worden waren. Erst das Gesetz zur Änderung und Bereinigung der Bergrechte im Land Niedersachsen vom 10. März 1978 brachte eine Vereinheitlichung, und das Bundesberggesetz vom 13. August 1980 führte zu einer bundeseinheitlichen Regelung.

Demnach ergeben sich folgende Aufgaben auch für das Clausthaler Oberbergamt:

1. Die Vergabe von Bergbauberechtigungen an Bergbauunternehmer; die Kontrolle über die Einhaltung der Erlaubnisse zur Aufsuchung und der Bewilligungen zur Gewinnung von Bodenschätzen, soweit sie unter das Berggesetz fallen oder aus alten übergeleiteten Bergbaurechten stammen. Hierzu gehört auch das Einziehen der Feldes- und Förderabgabe, die die Unternehmer für die erteilten Bergbaurechte an das jeweilige Bundesland zu leisten haben.

2. Die Überwachung der Bergbaubetriebe im Rahmen der Sicherheit nach innen und nach außen. Hierzu sind Bergverordnungen zu erlassen und ihre Einhaltung zu überwachen. Ferner gilt es, eine Vielzahl von Bundes- und Ländergesetzen im Bergbau umzusetzen, so aus den Gebieten des Umweltschutzes, des Wasserrechtes, des Naturschutzes, der Landesplanung und der Raumordnung. Da nicht immer die Zuständigkeit der Bergbehörde gege-

ben ist, wird eine enge Zusammenarbeit mit anderen Behörden auf allen Ebenen erforderlich.

3. Die Sicherstellung der Rohstoffversorgung aus eigenen Bodenschätzen, was u. a. den Schutz der Lagerstätten vor Überbauung und Raubbau bedingt. Ferner müssen die standortgebundenen Rohstoffvorkommen, die öffentliches Interesse verdienen, von der Bergbehörde bei der Landesplanung und Raumordnung vertreten und zur Geltung gebracht werden.

Im Oberbergamtsbezirk Clausthal-Zellerfeld dominiert heute nicht mehr der Untertagebergbau, sondern die Bergbauzweige herrschen vor, die mittels Bohrlöcher Bodenschätze gewinnen. Während sich die Förderung im Kali- und Steinsalzbergbau trotz verringerter Zahl von Betrieben erheblich steigerte, ging die jährliche Eisenerzförderung nach einem Höhepunkt in der zweiten Hälfte der fünfziger Jahre mit fast 8 Mio. t auf 0,23 Mio. t (1982) zurück. Die Metallerzförderung konzentriert sich auf zwei Betriebe bei einer verwertbaren Förderung von rd. 136 000 t im Jahr. Die Steinkohlenförderung wurde in den sechziger Jahren eingestellt. Die Braunkohlenförderung fiel von 17 Betrieben im Jahr 1945 auf einen Großbetrieb zurück, der 1982 4,5 Mio. t produzierte.

Kurz nach dem Zweiten Weltkrieg wurden jährlich nur 0,7 Mio. t Erdöl gefördert. Die erfolgreiche Exploration im Emsland, in den Gebieten zwischen Weser und Ems, Elbe und Weser und in Schleswig-Holstein brachte eine Fördersteigerung auf rd. 7 Mio. t bis in die Mitte der sechziger Jahre mit sich. Durch die Erschöpfung der Lagerstätten ging sie inzwischen auf rd. 3,9 Mio. t 1982 zurück. Das intensive Aufsuchen von Erdgaslagerstätten begann erst in den sechziger Jahren. 1979 wurden bereits mehr als 18,5 Mrd. cbm (V_n) gewonnen. Hinzu kommt die unterirdische Speicherung von Öl und Mineralprodukten in Kavernen, in Salzstöcken durch Aussolung hergestellten Hohlräumen, die auch zum Speichern von Erdgas und Druckluft dienen. Ferner werden in zunehmendem Maße für Erdgas Porenspeicher eingerichtet, die Gesteine nutzen, die durch ihre Durchlässigkeit, ihre Porenräume und die geologisch bedingte Abdichtung gegenüber der Tagesoberfläche speicherfähig sind. Schließlich kommt die Endlagerung von radioaktiven Abfällen in Salzstöcken oder anderen geeignetenn Lagerstätten hinzu, die immer dringender erforderlich wird[49].

Durch das Bundesgesetz zur vorläufigen Regelung der Rechte am Festlandsockel von 1964 wurde der Offshore-Bergbau, das Aufsuchen und Gewinnen

SCHLESWIG – HOLSTEIN

HAMBURG

BREMEN

Bergamt Celle
zugl. BA. für das Land Schleswig-Holstein
und BA. für die Freie und Hansestadt Hamburg

Bergamt Meppen

N I E D E R S A C H S E N

Bergamt Hannover
zugl. BA. für die Freie Hansestadt
Bremen

zugl. BA. für Berlin

Bergamt Goslar
o
Clausthal-Zellerfeld

46   Abb. 28: Oberbergamtsbezirk, Stand 1. Januar 1982

von Bodenschätzen im deutschen Festlandsockel von Nord- und Ostsee der Bergaufsicht unterstellt. Das Oberbergamt und die Bergämter Celle und Meppen wurden für diesen Bergbau zuständig, auch für Transitrohrleitungen, wie beispielsweise für die Ekofisk-Leitung, die Erdgas aus den norwegischen Nordsee-Ölfeldern nach Emden transportiert. Im Jahr 1981 wurden das Oberbergamt und als untere Bergbehörde das Bergamt Hannover für den Bergbau des Landes Berlin zuständig (Abb. 28).

Insgesamt beaufsichtigt die Bergbehörde 258 Betriebe mit mehr als 17 000 Beschäftigten. Der Wert der Bergbauprodukte betrug 1982 8,3 Mrd. DM. Die Förderzinseinnahmen beliefen sich für die fünf verwalteten Länder auf knapp 1,87 Mrd. DM, wovon allein fast 1,8 Mrd. DM auf das Land Niedersachsen entfielen[50].

So pulst im alten Amtshaus zu Clausthal sowie in dem Ergänzungsbau der Jahrhundertwende das Leben wie eh und je. Der Bergbau im Bezirk des Oberbergamtes, der ältesten Sonderverwaltung in Norddeutschland, steht in Blüte, auch wenn sich die Bedeutung der einzelnen Bergbauzweige im Laufe der Jahrhunderte gewandelt hat und andere Zweige und Aufgaben für die Bergbehörde hinzukamen, von denen unsere Vorfahren noch nichts wußten.

47

48   Abb. 29: Blick von Westen auf das Oberbergamt und die Marktkirche (Aufnahme 1982)

ANMERKUNGEN:

1 Der Stich befindet sich im Rißarchiv des Oberbergamtes Clausthal-Zellerfeld.

2 Bornhardt, W.: Nachrichten über das Clausthaler Amtshaus, 1924, Ms. in der Bibliothek des Oberbergamtes Clausthal-Zellerfeld, S. 1.

3 Vgl. ebd.

4 Vgl. ebd., S. 2 ff.

5 Vgl. ebd., S. 5 sowie Dennert, H. (Bearb.): Kleine Chronik der Oberharzer Bergstädte und ihres Erzbergbaues, Clausthal-Zellerfeld 1954, S. 39 und Schiecke A.: Clausthal-Zellerfeld. Führer durch die Bergstadt, Clausthal-Zellerfeld 1965, S. 7.

6 Vgl. Mayer, L.: Die Marktkirche zum Heiligen Geist in Clausthal, 5. Aufl., Clausthal-Zellerfeld 1980, S. 13.

7 Vgl. Bornhardt (1924), S. 6 f.

8 Vgl. Griep, M. G.: Das Bürgerhaus der Oberharzer Bergstädte, S. 54.

9 Das Aquarell befindet sich im Oberharzer Bergwerks- und Heimatmuseum in Clausthal-Zellerfeld.

10 Vgl. Archiv des Oberbergamtes Clausthal-Zellerfeld (fortan: OBA CLZ), VIII h 152, Bd. 1, Nr. III h 1 − Bd. V (1927).

11 Dazu vgl. ebd., III h Nr. 15-II, 1954 sowie Bornhardt (1924), S. 6 f.

12 Vgl. OBA CLZ, III h Nr. 15 − vol. 1, 1938/40.

13 Vgl. Bornhardt (1924), S. 6 f.

14 Vgl. OBA CLZ, III h Nr. 1, vol. IV − 1912.

15 Vgl. Bornhardt (1924), S. 11 sowie OBA CLZ, III h Nr. 15, vol. I.

16 gl. OBA CLZ, III h Nr. 31, vol. I − 1891−1905.

17 Vgl. ebd., vol. I und II.

18 Ebd., Nr. 1 vol. V − 1924.

19 Vgl. ebd., Nr. 13 − 1895.

20 Vgl. ebd., Nr. 1, vol. IV − 1913.

21 Vgl. ebd., vol. III − 1907 sowie Nr. 31, vol. I − 1906 und Nr. 15, vol. I − 1907.

22 Vgl. Schiecke (1965), S. 7.

23 Vgl. OBA CLZ, III h 49, Bd. I.

24 Vgl. Bornhardt (1924), S. 7 ff.

25 Vgl. Bornhardt (1924), S. 10.

26 Vgl. ebd., S. 14.

27 Vgl. ebd. S. 9.

28 Vgl. ebd., S. 14 sowie Slotta, R.: Der Neubau der Königshütte in Bad Lauterberg, in: Der Anschnitt, 28, 1976, S. 64−80.

29 Vgl. OBA CLZ, III h 36 I ab 1908.

30 Vgl. Wever, K.: Bergbau und Bergamt im Oberharz, Ms. Seminararbeit am Institut für Kunstgeschichte und Sammlung für Baukunst der TH Dresden, 1958, S. 44 f.

31 Vgl. Bornhardt (1924), S. 14.

32 Vgl. OBA CLZ, III h 36 Nr. 1 − 1957.

33 Vgl. ebd., 1908. Die Sammlung wurde von Berghauptmann Krümmer begonnen.

34 Vgl. Lücke, H.: Baugeschichte des Oberbergamtes Clausthal, in: Heimatland, 1957, S. 187.

35 Vgl. Dennert, H.: Oberharzer Ausbeutefahnen, Wien 1973, S. 5 und 24.

36 Vgl. OBA CLZ, III f 25, Bd. 1, 1958.

37 Dazu vgl. Kroker, W.: Aspekte der Entwicklung des Markscheidewesens am Oberharz, in: Technikgeschichte, 39, 1972, S. 280−301.

38 Vgl. hierzu Dennert (1954), S. 4 ff. sowie Das Oberbergamt in Clausthal-Zellerfeld, Berlin/
    Basel 1965, S. 11 ff.
39 Vgl. Willecke, R.: Die Entwicklung und Bedeutung des Unter- und Oberharzer Bergrechts, in:
    Technische Universität Clausthal 1775–1975, Bd. 1, Clausthal-Zellerfeld 1975, S. 128.
40 Vgl. Dennert (1954), S. 144.
41 Vgl. ebd., S. 45.
42 Vgl. Das Oberbergamt (1965), S. 14 und Guntermann, W.: Grundriß zur deutschen Verwal-
    tungsgeschichte 1814–1945, Reihe A, Bd. 10, Hannover 1981, S. 357 ff.
43 Vgl. Dennert (1954), S. 52 sowie Das Oberbergamt (1965), S. 14.
44 Vgl. Das Oberbergamt (1965), S. 79.
45 Vgl. Willecke (1975), S. 128.
46 Dazu vgl. Hoffmann, D.: Die Verwaltung des Harzes unter den hannoverschen Kurfürsten
    und Königen und in der preußischen Zeit, in: Technische Universität Clausthal 1775–1975,
    Bd. 1, Clausthal-Zellerfeld 1975, S. 138.
47 Dazu vgl. Colshorn, C.-H.: Die Gründung eines Industrieunternehmens in agrarischer Um-
    gebung, in: Der Anschnitt, 31, 1979, S. 166–176.
48 Vgl. Das Oberbergamt (1965), S. 79 ff.
49 Vgl. Das Oberbergamt Clausthal-Zellerfeld, Berlin 1975, S. 105 ff.
50 Vgl. Jahresberichte des Oberbergamtes in Clausthal-Zellerfeld.

Abb. 1, 2, 3, 4, 5, 7, 9, 23–28: Markscheiderei.
Abb. 6, 8, 11, 15, 16: Foto Barke.
Abb. 10, 17: Foto Heß.
Abb. 12, 13, 14, 18, 19, 20, 21, 22, 29: St. u. G. Fürer.